westermann

PASSWORT LUPE

Auf jeden Fall leichter!

Erarbeitet von
Ursula Emanuel
Nicole Schlinkhoff

Auf der Grundlage des PASSWORT LUPE Arbeitsheft 2, erarbeitet von
Olesia Belenko
Ursula Emanuel
Marie-Claire Kirchhoff
Kerstin Schöning
Katharina Strick

Illustriert von
Cesare Asaro
Matthias Berghahn
Michael Stapper
Zapf

2 Arbeitsheft

FÖRDERN
Druckschrift

PASSWORT

LUPE

Arbeitsheft 2

Fördern Druckschrift

Erarbeitet von
Ursula Emanuel, Nordstemmen
Nicole Schlinkhoff, Osnabrück

Auf der Grundlage des PASSWORT LUPE Arbeitsheft 2, erarbeitet von
Olesia Belenko, Osnabrück
Ursula Emanuel, Nordstemmen
Marie-Claire Kirchhoff, Koblenz
Kerstin Schöning, Offenburg
Katharina Strick, Bremen

Illustriert von
Cesare Asaro, Wien
Matthias Berghahn, Bielefeld
Michael Stapper, Berlin
Zapf, Wien

Bildquellen: |fotolia.com, New York: goldbany 39.1.

westermann GRUPPE

Druck A[1] / Jahr 2021
Alle Drucke der Serie A sind im Unterricht parallel verwendbar.

Redaktion: Christin Bußhoff
Gesamtlayout: blum design und kommunikation GmbH, Hamburg
Umschlaggestaltung: blum design und kommunikation GmbH, Hamburg; mit Illustrationen von Zapf
Layout: PER Medien, Braunschweig
Druck und Bindung: Westermann Druck GmbH, Braunschweig

ISBN 978-3-14-**141523**-0

INHALT

Hier abstempeln

Hier abstempeln

INHALT

Kapitel 3: beobachten – verstehen – schützen 39–52

Hier abstempeln →

Kapitel 4: haben – wünschen – brauchen 53–68

Hier abstempeln →

Hier abstempeln

Hier abstempeln

Buchstabenübersicht

A a
A a

Ä ä
Ä ä

B b
B b

C c
C c

D d
D d

E e
E e

F f
F f

G g
G g

H h
H h

I i
I i

ie

J j
J j

K k
K k

L l
L l

M m
M m

N n
N n

O o

O o

Ö ö

Ö ö

P p

P p

Qu qu

Qu qu

R r

R r

S s

S s

T t

T t

U u

U u

Ü ü

Ü ü

V v

V v

W w

W w

X x

X x

Y y

Y y

Z z

Z z

ß

ß

Das sind wir …

Hallo,
ich heiße Lulu.
Meine Hobbys sind
Malen und Judo.

Hallo,
ich bin Umut!
Ich erzähle gern
Geschichten – besonders
über unsere Detektivabenteuer.

Ich heiße Elsa.
Mein kleiner Hund
Uno folgt mir
auf Schritt
und Tritt.

Hi, ich bin Paul.
Meine allerbeste Freundin
ist meine Hündin Murmel.

Kapitel 1

leben – lernen – respektieren

1 Woher kennst du Steckbriefe? Kreuze an.

- [ ] aus dem Sandkasten
- [ ] aus dem Turnbeutel
- [ ] aus dem Freundebuch

2 Schreibe Umuts Steckbrief.

Steckbrief

- Name: Umut
- Alter: ____________
- Augenfarbe: braun
- Haarfarbe: ____________
- Lieblingsfach: ____________
- Lieblingstier: ____________

~~Umut~~
schwarz
~~braun~~
8 Jahre
Löwe
Sport

Wörter üben

1 Schreibe die Wörter.

~~der Junge~~	der Rock	die Frau
der Mann		die Nase

der Bruder	die Farbe	die Hose
die Schwester		der Mund

 der Junge

 der

 die

2 Schreibe die Silbenkerne.

~~a~~ u ei o

a lt d___nkel

kl___n gr___ß

u ei a au

schw___rz k___rz

gr___ w___ß

3 Schreibe die Wörter.

alt,

Einen Steckbrief schreiben

1 Lies den Text.

Ich heiße Ria und bin 8 Jahre alt.

Meine Augen sind blau.

Meine Haare sind blond.

Sport mag ich in der Schule am liebsten.

Ich kann gut reiten.

Daher ist mein Lieblingstier auch das Pferd.

Ich freue mich, wenn es mittags Nudeln gibt.

2 Schreibe Rias Steckbrief.

Steckbrief

- Name: Ria
- Alter: ____________________
- Augenfarbe: ____________________
- Haarfarbe: ____________________
- Lieblingsfach: ____________________
- Lieblingstier: ____________________

3 Was steht noch über Ria im Text? Lies genau und schreibe.

- Meine Stärken: ____________________
- Lieblingsessen: ____________________

Mit Sprache spielen

1 Schreibe die Silbenkerne.

2 Kreise die Reimwörter ein.
Streiche durch, was sich nicht reimt.

Hose
~~Vase~~
Dose

Hand
Hund
Mund

Bild
Schild
Wald

Hase
Rose
Nase

3 Schreibe die Reimwörter.

~~Tisch~~	Liege	Wal	Topf	Pudel	Geld
Kopf	Nudel	Feld	Wiege	Schal	~~Fisch~~

Tisch
Fisch

Silben untersuchen

1 Lies. Setze Silbenbögen.

Topf Kalender Hund Sekunde Meise

Hut Raupe Gurke Rakete

2 Ordne und schreibe die Wörter.

◡	◡◡	◡◡◡
Topf		

3 Schwinge. Schreibe die Silbenkerne in die Silbenbögen.
Schreibe die Wörter.

u

Hut

Lange und kurze Vokale kennen

1 Lies die Vergleichswörter für die langen Vokale und sprich sie halblaut.

Ameise | Esel | sieben | Oma | Ufo

2 Kreise die Wörter mit langem Vokal in der ersten Silbe ein. Es sind 5. Streiche die anderen Wörter durch.

Sofa	~~Ente~~	Puppe	Kleber	Nudel
Tafel	Ziege	Sonne	Kinder	Kanne

3 Schreibe die Wörter mit langen Vokalen zu den Vergleichswörtern.

Ameise	Esel	sieben	Oma	Ufo
			Sofa	

4 Ist der Vokal in der ersten Silbe lang – oder kurz • ? Verbinde.

Sonne – Tore •	Schule – Suppe •	Wiese – Kinder •	Tasche – Vater •
Feder – Messer •	Roller – Sofa •	Lupe – Mutter •	Teller – Schere •

Das Abc kennen und üben

1 Sprich dir das Abc mehrmals leise vor.

A B C D E F G

H I J K L M N

O P Qu R S T

U V W X Y Z

2 Welche Buchstaben fehlen?
Schreibe und finde das Passwort heraus.

H I J K L (1) M N	___ (2) V W X Y Z
O ___ (3) Qu R S T	A B C D ___ (4) F G

PASSWORT

L ___ ___ ___
1 2 3 4

3 Welche Buchstaben folgen?
Schreibe.

A B ___	Qu ___ ___
X ___ ___	H ___ ___

4 Welcher Buchstabe steht weiter vorn im Abc?
Kreise ihn ein.

B L   P M   U W   G F

Wörter nach dem Abc ordnen

A B C D E F G H I J K L M N O P Qu R S T U V W X Y Z

Schau hier oder sage dir das **Abc** leise vor.

1 Schreibe die Wörter nach dem Abc geordnet auf.

~~Affe~~ Hut ~~Dose~~ — 1. Affe, 2. Dose, 3.

Nase Ente Oma — 1. ,2. ,3.

Zebra Lupe Fisch — 1. ,2. ,3.

Wand Bein Maus — 1. ,2. ,3.

2 Markiere die Anfangsbuchstaben.
Schreibe die Wörter nach dem Abc geordnet auf.

~~Bluse~~ Schuhe — 1. Bluse ,2. ,

Hose Mütze — 3. ,4.

Katze Maus — 1.

Hund Vogel

Tasse Gabel

Löffel Messer

› Alphabet als Ordnungssystem nutzen
› Wörter nach dem Alphabet ordnen

› Sprachbuch, Seite 17

Wörter nach dem Abc ordnen

1 Suche die Bilder in der Wörterliste. Kreise sie ein.
Schreibe die Wörter wie in der Liste geordnet auf.

der	**Affe,** die Affen
	alt
die	**Ameise,** die Ameisen
die	**Ampel,** die Ampeln
die	**Angel,** die Angeln
	ängstlich
	antworten, sie antwortet
der	**Apfel,** die Äpfel
	arbeiten, er arbeitet
der	**Arm,** die Arme
der	**Ast,** die Äste

Affe

2 Markiere den zweiten Buchstaben in den Wörtern.

3 Schreibe die Wörter nach dem Abc geordnet auf.

~~Fach~~ Foto Fisch — 1. Fach, 2. ,3.

Brot Buch Blume — 1.

Ente Euro Esel

Kleid Kreis Kerze

Stein Seil Sport

Wörter schwingen

Wenn du ein Wort aufschreiben willst, dann **sprich langsam** und in **Silben**. Dann kannst du oft alle Laute hören.

1 Schwinge. Setze Silbenbögen.

2 Lies die Wörter deutlich. Markiere die Silbenkerne.

Melone	Bügel	Reifen	Bilderbuch

Regal	Hose	Känguru	Schokolade

3 Setze Silbenbögen unter die Wörter.

4 Setze die Silben zu Wörtern zusammen. Schreibe und setze Silbenbögen.

~~len~~ ~~Ka~~ ~~der~~ — Kalender

 fel Wür

 nas na A

 se Brot do

 der wa Kin gen

› Rechtschreibstrategien verwenden: Schwingen, Mitsprechen
› Wörter in Sprechsilben gliedern

› Sprachbuch, Seite 18

Wörter schwingen

In der zweiten Silbe versteckt sich häufig ein e.
Diesen Silbenkern hörst du oft schlecht:
Tafel lesen Reiter

1 Setze Silbenbögen und schreibe.

Ofen

Leit r

Pins l

Daum n

Beut l

Wint r

2 Verbinde die Silben zu Wörtern.

 Kä — fel
 Ta — chen
 Ku — fer

 Fe — sen
 Man — der
 Kis — tel

3 Schreibe und setze Silbenbögen.

ler sen gen ~~ten~~ ken gel bel ker ter

 Garten
 Se
 Rol
 An
 Be
 Kü
 Wa
 Rei
 Ga

Mit Silben spielen

1 Trage die Silben ein. Schreibe das Lösungswort.

	B	R	O	T	D 1	O	S	E
	E		2				3	
	T	O				4		
	R	A	5		6			
	G	E		7				
	V 8	O						
	M	E				9		

LE TE
WIT ~~SE~~
LO GEL
FANT
~~DO~~ MA
TER NEN
KE TE

Lösungswort: D _ _ _ _ _ _ _ _
1 2 3 4 5 6 7 8 9

2 Bilde Wörter. Schreibe die Silben.

	PO	LI	ZEI	HUND		
	PO	LI	ZEI			
	PO	LI	ZEI			

SI TO
RE AU NE

	KIN	DER	BETT		
	KIN	DER			
	KIN	DER			

KA WA RUS
GEN SELL

› Silben zusammensetzen und Wörter bilden
› Rechtschreibgespür entwickeln

› Sprachbuch, Seite 20

1 Lies den Text. Setze Silbenbögen.

Die Schule ist aus.
Umut und Lulu gehen nach Hause.
An der Ampel steht eine alte Dame.
Sie hat viele Tüten.
Die Kinder helfen der Dame, die Tüten zu tragen.
Die alte Dame freut sich über die Hilfe.
Gemeinsam gehen alle drei weiter.

2 Schreibe den Text ab. Sprich dabei in Silben.

Einen Steckbrief überarbeiten

1 Lies den Steckbrief von Leon genau.
Die rot unterstrichenen Angaben passen nicht.

Steckbrief

- Name: Ich heiße Leon.
- Alter: 9 Jahre, Oma ist älter
- Augenfarbe: grün
- Haarfarbe: braun
- Lieblingsfach: Schlange
- Meine Stärken: Skateboard fahren
- Lieblingstier: Mathe
- Lieblingsessen: Pommes

2 Warum passen die Angaben nicht? Verbinde.

Achtung, finde die Fehler!

gelb	Die Angaben sind vertauscht.
grün	Das ist kein Stichwort.
dunkelblau / lila	Das ist eine unwichtige Information.

3 Schreibe den Steckbrief von Leon richtig auf.

Steckbrief

- Name: ____________
- Alter: ____________
- Augenfarbe: ____________
- Haarfarbe: ____________
- Lieblingsfach: ____________
- Meine Stärken: ____________
- Lieblingstier: ____________
- Lieblingsessen: ____________

UNTER DER LUPE

1 Setze Silbenbögen.

Wal Qualle schwimmen Zeit Hummer Kugelfisch

2 Lies. Schreibe die Wörter in die Silbenbögen.

Der kleine Wal sucht einen Freund. Er fragt die ______.
Aber die hat keine Zeit. Der ______ möchte lieber schlafen.
Dann fragt er den dicken ______.
Der hat ______. Dann ______ sie
den kleinen Fischen hinterher.

3 Finde Reimwörter und schreibe sie auf.

jagen	klagen	s	fr
Qualle	Kralle	F	H

4 Verbinde die Bilder mit den Wörtern.
Markiere die Anfangsbuchstaben und ordne die Wörter nach dem Abc.

Qualle ◯ Wal ◯ Affe 1 Schwein ◯

1 Ist der Vokal in der ersten Silbe lang — oder kurz • ? Verbinde.

Wanne —	Tube —	Wiese —	Wanne —
Tafel •	Puppe •	Winter •	Tafel •
Leder —	Sonne —	Bluse —	Hefte —
Teller •	Hose •	Butter •	Besen •

2 Setze Silbenbögen.
Ist der Vokal in der ersten Silbe lang — oder kurz • ? Verbinde.

Wolke

Tube

Ziege

Wale
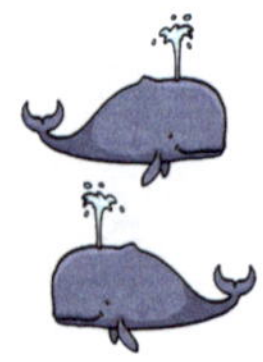

Hunde

Katze

3 Markiere die Silbenkerne, setze Silbenbögen und verbinde.

Schweineohren

Polizeiwagen

Kissenschlacht

Butterfleck

Kartoffelauflauf

Fernsehprogramm

Kapitel 2

essen – bewegen – genießen

1 Welche Rätsel kennst du? Kreuze an.

- [ ] Bilderrätsel
- [ ] Kreuzworträtsel
- [ ] Sudoku

2 Schreibe die Rätselkarten.

sehen
~~Gesicht~~
zwei

Was ist das?

Es ist im Gesicht.

Man hat davon ______________ .

Man kann damit ______________ .

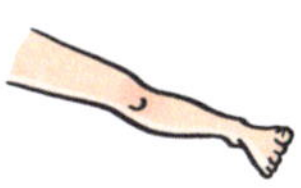

lang
laufen
zwei

Was ist das?

Es ist ______________ .

Man hat davon ______________ .

Man kann damit ______________ .

Wörter üben

1 Schreibe die Wörter.

der Bauch
die Hand
~~das Ohr~~

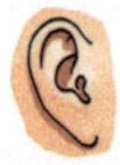 das Ohr
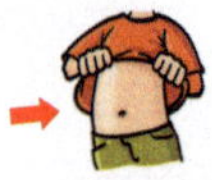
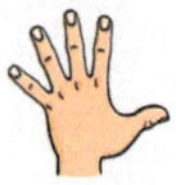

der Arm
der Fuß
der Kopf

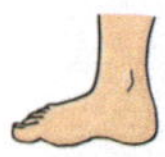

der Zeh
die Haut
die Nase

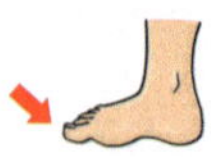

2 Schreibe die Wörter nach dem Abc geordnet.

spielen
~~essen~~
laufen
trinken

essen

Obst
Früchte
Gemüse
Apfel

› Wortschatz erweitern und selbstständig üben
› Alphabet als Ordnungssystem nutzen

› Sprachbuch, Seite 28, 29

Rätsel kennen und schreiben

1 Wähle ein Körperteil aus. Kreuze an.

☐ 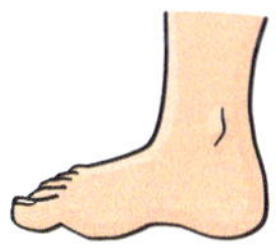

gehen

zwei

unten am Bein

☐ 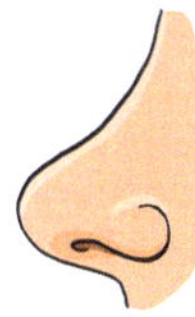

im Gesicht

riechen

eine

2 Schreibe eine Rätselkarte zu deiner Auswahl.

Was ist das?

Es ist ______________________.

Man hat davon ______________________.

Man kann damit ______________________.

3 Kreuze an und schreibe noch eine Rätselkarte.

☐ 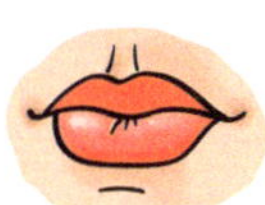 ☐ 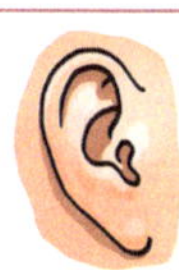 ☐ 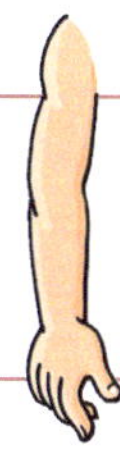

Was ist das?

Es ist ______________________.

Man hat davon ______________________.

Man kann damit ______________________.

Sätze und Satzschlusszeichen kennenlernen

1 Lies. Welche Reihenfolge ist richtig? Kreuze an.

☐	Mit meiner Nase	riechen.	kann ich
☒	Ich kann	mit meiner Nase	riechen.
☐	und zwei Beine.	Ich habe	zwei Arme
☐	Ich habe	zwei Arme	und zwei Beine.
☐	in meinem Gesicht	Ich habe	zwei Augen.
☐	Ich habe	in meinem Gesicht	zwei Augen.

2 Schreibe die richtigen Sätze.
Markiere den Satzanfang und den Punkt.

Ich kann

3 Lies und setze die Punkte am Satzende.
In jeder Zeile fehlen 2 Punkte.

Karotten wachsen unter der Erde. Gemüse ist gesund.
Die Kinder kaufen Bananen Äpfel sind auch lecker
Umut und Elsa trinken Saft Lulu spielt lieber
Paul schläft lange Elsa ist schon wach

Achtung, finde die Fehler!

› Struktur eines Satzes erkennen
› Punkt als Satzschlusszeichen kennenlernen

› Sprachbuch, Seite 30

Sätze erkennen und bilden

1 Lies und ordne von 1 bis 3.
Schreibe die Fragen richtig auf.

1 Wie lange? | 3 Rollstuhl-Tischtennis? | 2 spielst du

Wie lange spielst du Rollstuhl-Tischtennis?

○ übst | ○ Wie oft | ○ du?

○ dein Partner? | ○ ist | ○ Wer

○ ihr? | ○ Wo | ○ trainiert

2 Markiere in den Sätzen das Fragewort und das Fragezeichen.

3 Was antwortet Paul? Lies und verbinde.

Wie lange spielst du schon Rollstuhl-Tischtennis?

Wie oft übst du?

Was braucht man zum Tischtennisspielen?

Ich übe jede Woche einmal.

Man braucht einen Schläger und mehrere Bälle.

Ich spiele seit drei Jahren Tischtennis.

Sätze bilden

1 Lies und verbinde.

Marie geht zur Schule.

Marie steht auf.

Marie frühstückt.

Denke an die Punkte am Satzende.

2 Bilde passende Sätze.

frühstückt – in der Pause – Marie

Marie

schreibt – Marie

Seil – Marie – springt

3 Schreibe passende Sätze.

› Aussagesätze zuordnen, bilden und schreiben
› Satzschlusszeichen setzen

› Sprachbuch, Seite 31

Satzschlusszeichen verwenden

1 Lies halblaut und male die Sprechblasen in der richtigen Farbe an: . ? !

Satzschlusszeichen sind:

. ? !

2 Setze die Satzschlusszeichen.

Super

Kommst du mit

Komm raus!

Es ist 5 Uhr

Das ist nett von dir

Gib her

Wo ist mein Schlüssel

Wann müssen wir nach Hause

Ich gehe jetzt nach Hause

3 Male in der richtigen Farbe an: . ? !

4 Schreibe 3 eigene Sätze mit den Satzschlusszeichen.

.

?

!

› Sprachbuch, Seite 34, 35

Rechtschreibstrategien verwenden: Wörter verlängern

Mund oder Munt?

1 Verbinde. Kreise **t** oder **d** ein.

t oder d?

 der Mund

 das Heft

 das Bild

die Bilder 

die Münder 

die Hefte 

Verlängere das Wort: die Münder.
Jetzt kannst du es hören.

2 Verbinde. Kreise **k** oder **g** ein.

k oder g?

 der König

 der Berg

 die Bank

die Bänke 

die Berge 

die Könige 

3 Verbinde. Kreise **p** oder **b** ein.

p oder b?

 der Korb

 das Sieb

 das Mikroskop

die Mikroskope 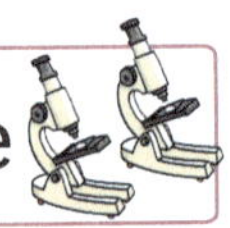

die Körbe 

die Siebe 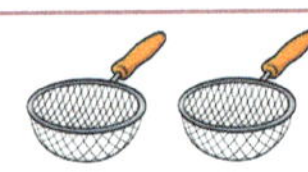

4 Entscheide und kreise den richtigen Buchstaben ein.

die Schränke, also: der Schran k/g

die Brote, also: das Bro t/d

die Hunde, also: der Hun t/d

die Hüte, also: der Hu t/d

1 Verbinde. Kreise **t** oder **d** ein. Schreibe richtig.

t oder d?

gut	ein runder Bauch	→	
rund	ein kaltes Eis	→	
kalt	ein gutes Spiel	→	gut

2 Verbinde. Kreise **k** oder **g** ein. Schreibe richtig.

k oder g?

mutig	ein starker Wind	→	
krank	eine mutige Frau	→	mutig
stark	ein krankes Kind	→	

3 Verbinde. Kreise **p** oder **b** ein. Schreibe richtig.

p oder b?

lieb	eine taube Oma	→	
taub	ein halbes Brot	→	
halb	ein lieber Vater	→	lieb

4 Verlängere und schreibe richtig.

leich t/d → verlängere: eine leichte Aufgabe → also: leicht

en g/k → verlängere: eine ______ Straße → also: ______

gel p/b → verlängere: eine ______ Blume → also: ______

Rechtschreibstrategien verwenden: Wörter verlängern

1 Sprich die verlängerten Wörter. Ergänze die fehlenden Buchstaben. Kreise sie ein. Schreibe richtig.

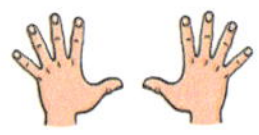 viele Hände → 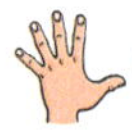 eine Hand — Hand

 viele Körbe →  ein Kor__

 viele Zwerge →  ein Zwer__

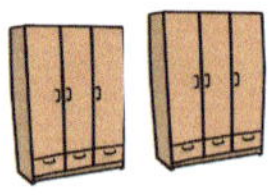 viele Schränke →  ein Schran__

 viele Felder →  ein Fel__

 viele Früchte →  eine Fruch__

2 Verlängere die Wörter. Sprich und schreibe sie. Kreise die richtigen Buchstaben ein.

wil d/t	→ ein wilder Hund	→ wild	wild
star k/g	→ ein ________ Ast	→ star__	
al d/t	→ eine ________ Oma	→ al__	
frem d/t	→ eine ________ Sprache	→ frem__	
kal d/t	→ ein ________ Wind	→ kal__	
kran k/g	→ ein ________ Junge	→ kran__	
gesun d/t	→ ein ________ Apfel	→ gesun__	
lie b/p	→ eine ________ Mama	→ lie__	

› Rechtschreibstrategie anwenden: Verlängern
› Nomen und Adjektive mit Auslauterhärtung richtig schreiben

› Sprachbuch, Seite 36, 37, 38, 39

Wörter verlängern

1 Verlängere die Wörter. Schreibe.

ein Wald →  viele Wälder

ein Korb →  viele K

ein Weg →  viele ___

ein Wind →  viele ___

ein Zug →  viele ___

ein Feld →  viele ___

ein Abend →  viele ___

ein Rad →  viele ___

2 Suche die Wörter im Text. Kreise die Lupenstellen am Wortende ein.

Umut, Elsa und Lulu fahren durch den Wald.
Sie haben einen Korb mit Äpfeln dabei.
Der Weg ist sehr steil.
Jetzt kommt Wind auf.
Sie hören einen Zug in der Ferne.
Da sehen sie im Feld einen Hasen.
Am frühen Abend sind die Detektive wieder zu Hause.
Elsa stellt ihr Rad in den Schuppen.

3 Verlängere die Wörter im Kopf.
Ergänze die fehlenden Buchstaben.

klug der Die__ gu__ der Zu__ lau__ eine Han__

Ein Rätsel planen

1 Lies den Wörterzettel.

Wörterzettel

Thema für das Quiz: Obst

Wörtersammlung zum Thema: Birne, Apfel, Banane, Pflaume, Kiwi, Ananas

Das Wort nehme ich: Banane

Das weiß ich über mein Rätselwort:

- es ist: gelb und krumm
- es schmeckt: süß
- es wächst: an Stauden
- es kommt aus: heißen Ländern
- es hat: eine Schale

2 Male dein Obst. Plane ein Rätsel zu deinem Obst.

Wörterzettel

Thema für das Quiz: Obst

Das Wort nehme ich: ______________________

Das weiß ich über mein Rätselwort:

- es ist: ____________ und ____________
- es schmeckt: ______________________
- es wächst: ______________________
- es kommt aus: ______________________
- es hat: ______________________

UNTER DER LUPE

1 Die rot unterstrichenen Wörter sind falsch. Schreibe sie richtig auf.

Achtung, finde die Fehler!

viele Ausflüge, also ...

Gestern haben wir einen Ausfluk gemacht. Ausflug

viele Räder, also ...

Wir sind mit dem Rat gefahren.

der kranke Paul, also ...

Leider war Paul krang.

viele ______________, also ...

Wir hatten leckere Sachen im Korp.

viele ______________, also ...

Das Brod schmeckte besonders gut.

2 Achte auf den Satzanfang und das Satzende.
Kreise die Fehler ein. Schreibe die Sätze richtig auf.

Achtung, finde die Fehler!

es war sonnig beim Ausflug? ||

warum war das Wasser so kalt. ||

1 Lies, was die Kinder sagen.
Schreibe die Satzschlusszeichen.

Wohin fahren wir am nächsten Sonntag __

Wo hast du diese bunte Hose gefunden __

Nimm mal__

Morgen gehen wir wieder in die Schule__

2 Schreibe die Sätze ab.

Morgen gehen

3 Setze Silbenbögen.
Klingt der Vokal in der ersten Silbe lang oder kurz?
Kennzeichne mit – oder • .

mutig	leise	lustig	Hemden	bunte
springen	Kinder	Schule	segeln	gesund

› Rechtschreib- und Grammatikwissen anwenden
› Übungsformen selbstständig nutzen

› Sprachbuch, Seite 43

Kapitel 3

beobachten – verstehen – beschützen

1 Lies das Gedicht und löse das Rätsel.

Ich weiß ein grünes, stacheliges Ding,
hoch am Baum, wenn der Herbst anfing.
Wenn's runterfällt, das mag ich gern,
hol ich heraus den braunen Kern.

Es ist eine ______________________ .

2 Lies und verbinde, was sich reimt.

Nuss	Rock	Schnecke	Wurm
Stock	Hecke	Kuss	Turm

3 Was stimmt? Kreuze an.

- [ ] Gedichte sind Geschichten.
- [ ] Gedichte reimen sich oft.
- [ ] Gedichte sind immer lustig.

Wörter üben

1 Schreibe die Wörter.

~~das Pferd~~ die Spinne der Hamster die Katze die Ziege der Löwe

das Pferd

2 Verbinde die passenden Silben. Schreibe die Wörter.

bel	pern
ren	len
schnup	nen
flie	chen
schlei	gen

bellen

3 Schreibe die Silbenkerne.

schn___ll

gr___ß

o e a ö a

schw___rz

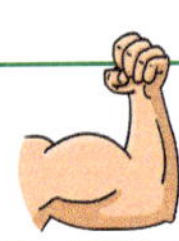
st___rk

fr___hlich

› Wortschatz erweitern und selbstständig üben

› Sprachbuch, Seite 47

Treppengedichte schreiben

1 Setze ein.

dicke | lustige | sportliche

Der dicke Floh,

der ___, ___ Floh,

der ___, ___, ___ Floh

ist verliebt

und freut sich so.

2 Wähle in jedem Kasten ein Wort. Kreuze an.

☐ große	☐ alte	☐ blaue
☐ rote	☐ komische	☐ kaputte
☐ lustige	☐ doofe	☐ hässliche

3 Setze deine 3 Wörter in das Treppengedicht ein.

Der ___ Hut,

der ___, ___ Hut,

der ___, ___, ___ Hut

steht

dem Hamster wirklich gut.

Nomen und bestimmte Artikel kennenlernen

1 Schreibe die passenden Nomen rot.

Sänger Dackel ~~Sessel~~ Eis

 der gemütliche Sessel

 der coole ____________

 das leckere ____________

 der braune ____________

2 Kreise die großen Anfangsbuchstaben der Nomen ein.

Vor Nomen kann man Schiebewörter einfügen.
Nomen schreibt man groß.
Nomen haben einen Artikel.

3 Schreibe die Nomen.
Kreise die großen Anfangsbuchstaben ein.

 Schlange  Badehose

die lange ____________

die lange, giftige ____________

die lange, giftige, gefährliche ____________

die bunte ____________

die bunte, kurze ____________

die bunte, kurze, gepunktete ____________

4 Welcher Artikel passt zum Nomen? Schreibe der, die, das.

die lustige Amsel

______ lustige Scherz

______ lustige Hundebaby

______ geheimnisvolle Buch

______ geheimnisvolle Zauberstab

______ geheimnisvolle Schatzkiste

› Leistungen von Wortarten untersuchen
› grundlegende sprachliche Begriffe und Beziehungen kennen: Nomen, Artikel

› Sprachbuch, Seite 49, 50

Nomen und bestimmte Artikel kennenlernen

1 Ordne die Nomen nach den bestimmten Artikeln der, die, das.
Schreibe die Artikel blau und die Nomen rot.

~~der Affe~~	das Futter	der Hamster	der Vogel
die Ziege	der Bär	die Ratte	das Pferd
die Spinne	das Heu	die Katze	das Gras

der	die	das
der Affe		

2 Schreibe die bestimmten Artikel der, die, das.
Jeder Artikel kommt 3-mal vor.

 das Bild
 ______ Eimer
 ______ Schere

 ______ Lampe
 ______ Tisch
 ______ Kissen

 ______ Wippe
 ______ Kind
 ______ Hut

3 Schreibe die bestimmten Artikel.

Pickt ______ Amsel einen Regenwurm?
Jagt ______ Löwe eine Gazelle?
Frisst ______ Kuh Gras auf der Weide?
Sitzt ______ Floh auf meinem Hut?

Nomen kennen: bestimmte und unbestimmte Artikel

1 Ordne nach den unbestimmten Artikeln ein, eine. Schreibe die Wörter.

~~Stift~~ Schere
Leine Tasche
Schwamm Stuhl
Kiste Tisch

ein	eine
 ein Stift	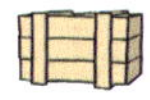

2 Lies und schreibe die unbestimmten Artikel ein, eine.

Elsa möchte Mama überraschen.

Sie geht in ein Blumengeschäft.

Elsa kauft ______ Rose.

Die Verkäuferin wickelt sie in ______ Stück Papier.

Zu Hause steht ______ Vase dafür im Schrank.

Mama ruft: Das ist ja ______ tolle Überraschung! Danke!

3 Lies und schreibe die bestimmten Artikel der, die, das.

Elsa ist in das Blumengeschäft von Frau Mai gegangen.

Sie hat ______ letzte gelbe Rose gekauft.

Mama hat ______ dünne Papier aufgerissen.

Dann hat Mama ______ hohe Vase geholt.

Elsa ist ______ Überraschung wirklich gelungen!

› Leistungen von Wortarten untersuchen
› grundlegende sprachliche Begriffe und Beziehungen kennen: unbestimmter Artikel

› Sprachbuch, Seite 51

Nomen kennen: Einzahl und Mehrzahl

1 Welche Wörter gehören zusammen? Verbinde.

Einzahl
ein
eine

- ein Hase
- eine Biene
- ein Nest
- ein Wurm

- viele Nester
- viele Würmer
- viele Bienen
- viele Hasen

Mehrzahl
viele

2 Welche Wörter gehören zusammen? Verbinde.

Einzahl
der
die
das

- der Finger
- das Auto
- die Schere
- das Buch

- die Autos
- die Bücher
- die Finger
- die Scheren

Mehrzahl
die

3 Ordne und schreibe die Nomen mit Artikel.

das Mädchen   die Gurken   die Väter   die Wolken   das Schwein   der Stift

	Einzahl: der, die, das	Mehrzahl: die	
		die Mädchen	
	die Gurke		
	der Vater		
	die Wolke		
		die Schweine	
		die Stifte	

Nomen erkennen: Schiebewortprobe

1 Schreibe die Schiebewörter in die Treppen.

Vor Nomen kannst du beschreibende Wörter setzen. Sie heißen Schiebewörter.

~~kleine~~
~~kleine~~
~~ängstliche~~

die Spinne

die kleine Spinne

die kleine, ängstliche Spinne

großes
großes
unheimliches

ein Haus

ein ______________ Haus

ein ______________, ______________ Haus

reicher
reicher
vornehmer

ein König

ein ______________ König

ein ______________, ______________ König

2 Schreibe die Schiebewörter grün. Male das Kind passend an.

~~lange~~
gestreifte
warme
bunte
rote

die lange ______________ Hose

der ______________ Schal

die ______________ Jacke

die ______________ Tasche

das ______________ Kleid

Nomen erkennen: Schiebewortprobe

1 Lies und schreibe die passenden Nomen.

Haus Schwimmbecken Wärmekissen Schaukel ~~Tränke~~

Wunschliste

- eine saubere Tränke  für die Schweine
- eine tolle ______  für die Affen
- ein lustiges ______ 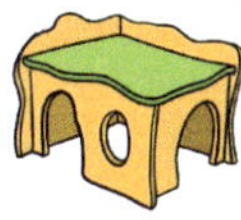 für die Meerschweinchen
- ein neues ______  für die Löwen
- ein großes ______  für die Seelöwen

2 Unterstreiche in der Liste die Schiebewörter grün.

3 Prüfe mit dem Schiebewort. Streiche das falsch geschriebene Wort durch.

Schiebewort: kleine, kleinen, kleiner

Achtung, finde die Fehler!

Seepferdchen sind kleine ~~fische~~/Fische.

Ihr ______ kopf/Kopf sieht aus

wie ein ______ pferdekopf/Pferdekopf.

Die Männchen bekommen die ______ babys/Babys.

Schiebewort: große, großen, großer

Das ist in der ______ tierwelt/Tierwelt einzigartig.

Die Babys muss man vor ______ gefahr/Gefahr schützen.

Das ist eine ______ aufgabe/Aufgabe für die Menschen.

Nomen erkennen: Schiebewortprobe

1 Unterstreiche die Schiebewörter grün. Unterstreiche dann die Nomen rot.

Achtung, finde die Fehler!

Mein neuer ~~r~~R ucksack gefällt mir.

Er ist mit blauen tieren bedruckt.

Dabei ist auch ein kleiner delfin.

Der tolle verschluss glänzt.

Hinten sind zwei lange gurte.

Oben ist ein breiter griff befestigt.

2 In jedem Satz ist ein Nomen falsch geschrieben. Streiche die falschen Buchstaben durch und verbessere sie.

Achtung, finde die Fehler!

3 Schreibe den Text richtig auf.

Denke daran, die Nomen **großzuschreiben**.

Mein neuer

› grammatisches Wissen für Rechtschreibung nutzen
› Rechtschreibstrategie verwenden: Schiebewortprobe

› Sprachbuch, Seite 54, 55, 56, 57

Nomen beschreiben

1 Wie kann ein Schlafanzug sein?
Kreuze noch 4 Wörter an.

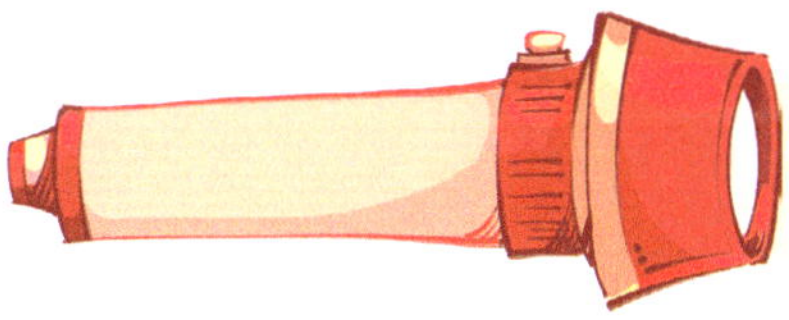

- [x] kratzig
- [ ] weich
- [ ] gemütlich
- [ ] bunt
- [ ] blau
- [ ] grün
- [ ] gestreift
- [ ] neu

2 Setze deine Wörter ein.
Verändere das Schiebewort am Ende.

ein kratziger Schlafanzug

ein ____________ Schlafanzug

ein ____________ Schlafanzug

ein ____________ Schlafanzug

ein ____________ Schlafanzug

3 Markiere die Endung **-er**.

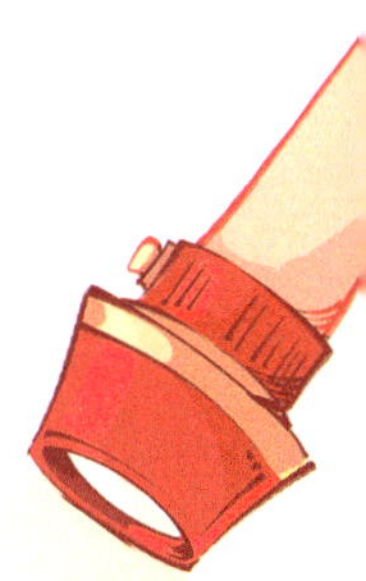

4 Wie kann ein Traum sein? Sammle Adjektive.
Schreibe sie als Schiebewörter vor die Nomen.

ein ____________ Traum

ein ____________ Traum

ein ____________ Traum

Treppengedichte überarbeiten

1 Hier sind die Nomen falsch geschrieben. Unterstreiche sie rot. Streiche die falschen Buchstaben durch und verbessere sie.

E
die eulen

die traurigen eulen

die traurigen, ängstlichen eulen

fangen

heute an zu weinen

2 Hier sind die Schiebewörter falsch geschrieben. Unterstreiche sie grün. Streiche die falschen Buchstaben durch und verbessere sie.

Achtung, finde die Fehler!

der Fisch

g
der Glückliche Fisch

der Glückliche, Alberne Fisch

duscht

im Glas auf dem Tisch

3 Schreibe eines der Gedichte richtig auf.

› über Fehlersensibilität und Rechtschreibgespür verfügen
› Texte in Textmuster abschreiben

› Sprachbuch, Seite 58, 59

UNTER DER LUPE

1 Die rot unterstrichenen Wörter sind falsch. Schreibe die Sätze richtig auf.

Achtung, finde die Fehler!

Umut liebt kleine katzen.

Umut liebt kleine Katzen.

Er mag ihr weiches fell.

Die Süßen Katzen spielen miteinander.

Danach fressen sie ihr frisches futter.

Sie putzen sich mit der Rauen zunge.

2 Finde die 4 Fehler.
Streiche die falschen Buchstaben durch. Verbessere sie.

Achtung, finde die Fehler!

die kleinen katzen sehen lustig aus. Sie trinken wasser, wenn sie Satt sind.

3 Schreibe die Sätze richtig auf.

1 Markiere die Silbenkerne. Setze Silbenbögen.

Hundepfote Hundeleine Hundehütte Hundewiese

2 Lies. Schreibe die Mehrzahl.

Einzahl ein/eine	Mehrzahl viele
ein Hund	viele Hunde
eine Pfote	viele
ein Knochen	viele

Einzahl ein/eine	Mehrzahl viele
ein Korb	viele
eine Leine	viele
eine Hütte	viele

3 Lies. Schreibe die Artikel.

bestimmter Artikel	unbestimmter Artikel ein/eine
der Napf	ein Napf
das Maul	Maul
die Nase	Nase
der Floh	Floh

bestimmter Artikel	unbestimmter Artikel ein/eine
der Schwanz	Schwanz
die Spur	Spur
das Halsband	Halsband
die Rasse	Rasse

4 Setze die Satzschlusszeichen: ! ? .

Murmel ist krank

Wie lange schläft Murmel

Mach Männchen

Sei leise, Murmel

Murmel ist wieder gesund

Komm her

Braucht der Hund eine Spritze?

Was fehlt Murmel

Der Arzt hilft sofort

Das ist nicht schlimm

› Rechtschreibwissen anwenden: Silbe und Silbenkern
› über Fehlersensibilität und Rechtschreibgespür verfügen
› grundlegende sprachliche Begriffe und Strukturen kennen: Satzschlusszeichen

› Sprachbuch, Seite 61

Kapitel 4

haben – wünschen – brauchen

1 Lies und verbinde.

Postkarte | E-Mail | Einkaufszettel | Brief

2 Kreuze in der Tabelle an, was für dich stimmt.

habe ich schon einmal geschrieben				
habe ich schon einmal bekommen				
schreibe ich für mich				
schreibe ich für andere				

3 Du möchtest Freunde zu einer Feier einladen. Welche Anlässe gibt es? Kreuze an und schreibe.

- [ ] Geburtstag feiern
- [ ] in den Urlaub fahren
- [ ] Silvester feiern
- [ ] ______________________

Wörter üben

1 Schreibe die Nomen mit Artikel.

der Affe | die Puppe | der Schlitten | der Koffer

 der ____________________

 ____________________

 ____________________

 ____________________

2 Lies den Brief. Schreibe die Nomen.

Karte
Einladung
Gruß
Geburtstag
Spaß

Lieber Opa,
Umut hat heute G____________ .
Ich habe ihm eine K________ geschrieben.
Er hat mir eine E____________
zu seiner Feier gegeben.
Hoffentlich haben wir viel S________ zusammen.
Einen lieben G________ von Elsa

3 Lies die Wörter. Setze Silbenbögen.

haben	wünschen	mögen	brauchen
bleiben	denken	arbeiten	reden

4 Schreibe die Wörter ab.

haben, ____________________

____

____

› Wortschatz erweitern und selbstständig üben
› grundlegende sprachliche Begriffe und Strukturen kennen

› Sprachbuch, Seite 64, 65

Eine Einladung schreiben

1 Schreibe die Wörter in die Einladung.

Lieber Umut,

ich möchte dich gern

zu meinem ______________________

am ____________ einladen.

Wir treffen uns um ______________

am ______________________________

______________________________________ .

Bring bitte deine Schwimmsachen mit.

Danach fahren wir zu mir

und essen gemeinsam.

Ich freue mich auf dich!

____

2 Male die Wortkarten in der richtigen Farbe an.

Liebe Oma,

ich möchte dich gerne

zum Klassenfest der Klasse 2a

am 22.06. einladen.

Wir treffen uns um 15 Uhr

auf dem Schulhof der Waldschule .

Ich freue mich auf dich!

Dein Paul

Verben kennenlernen

kochen

Wir kochen.

1 Lies und verbinde.

malen	Wir spielen.
schreiben	Wir malen.
spielen	Wir kochen.
kochen	Wir schreiben.

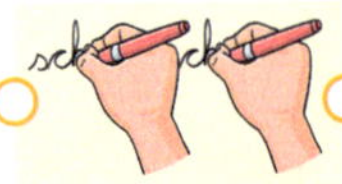

2 Schreibe Sätze mit den Verben.
Kreise die Verben ein.

Wir malen ein Bild.

Wir ______________________________.

Wir ______________________________.

Wir ______________________________.

~~ein Bild~~
einen Brief
mit dem Ball
Nudeln

3 Was tut Umut? Was tut Elsa?
Schreibe Sätze und kreise die Verben ein.

Er kocht.

Umut kocht Nudeln.

____

____

____

› Sprachbuch, Seite 66

Verben kennenlernen: Personalformen

1 Lies und verbinde.

wir lachen | ich lache | er/sie/es lacht

Die **Personalformen** haben verschiedene Endungen:
ich höre
er hört
wir hören

2 Welche Formen gehören zusammen?
Male sie in derselben Farbe an.

Grundform	Personalformen		
hupen	ich hole	ich gehe	er hupt
gehen	wir hupen	er holt	wir gehen
holen	er geht	ich hupe	wir holen

3 Schreibe die Verben in den Personalformen.

liegen	ich liege	er liegt	wir liegen
hüpfen	ich	er	wir
sagen	ich	er	wir

4 Kreise die Endungen rot ein.

Verben kennenlernen: Personalformen

1 Verbinde. Kreise die Endungen rot ein.

sie lachen	ihr lacht	du lachst

Die **Personalformen** haben verschiedene Endungen:
du hörst
ihr hört
sie hören

2 Welche Formen gehören zusammen?
Male sie in derselben Farbe an.

Grundform		Personalformen	
sagen	du malst	du sagst	sie fegen
malen	du fegst	sie malen	ihr sagt
fegen	sie sagen	ihr fegt	ihr malt

3 Schreibe die Personalformen.

fliegen	du fliegst	ihr fliegt	sie fliegen
denken	du	ihr	sie
sparen	du	ihr	sie

4 Kreise die Endungen rot ein.

› Verben verwenden
› grundlegende Begriffe kennen: Personalform

› Sprachbuch, Seite 67, 68, 69, 70

Verben kennenlernen: Personalformen

1 Welche Personalformen sind richtig? Streiche die falschen Formen durch.

Achtung, finde die Fehler!

Umut	geht	~~gehen~~	zur Schule.
Er	triffst	trifft	dort die anderen Kinder.
Ich	lese	lest	eine Geschichte.
Wir	baust	bauen	eine Sandburg.
Elsa	sucht	suchen	Lulu und Uno.

2 Schreibe die richtigen Personalformen.

Umut hört laut Musik. (hören)

Lulu ______ gern Bilder. (malen)

Elsa ______ mit ihren Freunden. (sprechen)

Paul ______ Rollstuhl-Tischtennis. (spielen)

Murmel ______ durch den Wald. (laufen)

3 Schreibe zu jedem Bild einen Satz.

______

______

______

Rechtschreibstrategien verwenden: Vokallänge prüfen

1 Lies die Vergleichswörter für die langen Vokale und sprich sie halblaut.

 Ameise  Esel  sieben  Oma  Ufo

2 Setze – unter den langen Vokal in der ersten Silbe.

Gabel Nebel Ziege Hose Hupe Hase

3 Setze • unter den kurzen Vokal in der ersten Silbe.

Wolke Bilder Kasten Hunde Hemden Onkel

4 Ordne und schreibe die Wörter.

langer Vokal –	kurzer Vokal •
Gabel	Wolke

5 Setze Silbenbögen.
Setze – oder • unter die Vokale
in der ersten Silbe.

Vokallänge prüfen

1 Markiere den Silbenkern in der ersten Silbe. Setze Silbenbögen.

Lupe	Tante	Besen	Bremse
Körper	Wiese	Onkel	
Kinder	Winter	Nase	Tube
Kiste	Dose	Falte	

Steht am Ende der ersten Silbe ein **Vokal**, ist die Silbe **offen** und der Vokal ist **lang**: Hose.

Steht am Ende der ersten Silbe ein **Konsonant**, ist die Silbe **geschlossen** und der Vokal ist **kurz**: Mantel.

2 Setze – unter den langen Vokal und • unter den kurzen Vokal in der ersten Silbe.

3 Schreibe nur die Wörter ab, die einen kurzen Vokal in der ersten Silbe haben. Es sind 8 Wörter.

Tante,

4 Verbinde. Schreibe die Wörter.
Setze • unter den kurzen Vokal in der ersten Silbe.

	Bil	ke	
	Wol	der	Bilder
	Man	pe	
	Hef	tel	
	Lam	te	

Wörter mit doppelten Konsonanten schreiben

1 Schreibe die doppelten Konsonanten.

nn

die Sonne

die Ka__e

die Wa__e

die Ta__e

ss

das Me__er

das Ki__en

die Ta__e

das Wa__er

pp

die Pu__e

die Tre__e

die Wi__e

die Ka__e

Ist der Vokal in der ersten Silbe **kurz** und du hörst nur **einen Konsonanten**, musst du ihn **verdoppeln**: der Hammer, die Puppe, die Sonne

2 Ordne und schreibe die Wörter.

nn	ss	pp
Sonne	Messer	Puppe

3 Setze • unter die kurzen Vokale in der ersten Silbe.
Kreise die doppelten Konsonanten ein.

› Lautqualität von Vokalen untersuchen
› Rechtschreibstrategien verwenden: Vokallänge

› Sprachbuch, Seite 74, 75

Wörter mit doppelten Konsonanten

1 Schreibe die Verben
in den richtigen Personalformen.

kippst	stellt	~~kommt~~	rennst
rennt	~~kommst~~	kippt	stellst

kommen: du kommst, er kommt
stellen: du , er
kippen: du , er
rennen: du , er

2 Setze • unter die kurzen Vokale
in der ersten Silbe.
Kreise die doppelten Konsonanten ein.

3 Entscheide: 1 oder 2 Konsonanten in der Grundform?
Schreibe die Personalformen.

	Grundform	deshalb ...
 sie re n/nn t	rennen	sie rennt
 er ma l/ll t	ma en	er
 er be l/ll t	be en	er
 sie ru f/ff t	ru en	sie
 er schwi m/mm t	schwi en	er

Wörter mit tz richtig schreiben

1 Schreibe die Wörter.

~~die Katze~~	die Tatze	die Mütze
die Pfütze	die Blitze	die Spritze

Wörter, bei denen du nach dem **kurzen Vokal** in der ersten Silbe ein **z** hörst, schreibst du nicht **mit zz**, **sondern mit tz**.

die Katze

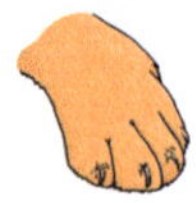

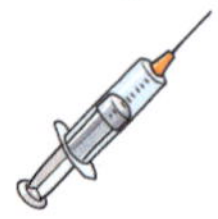

2 Setze • unter den kurzen Vokal vor dem **tz**.
Kreise das **tz** rot ein.

3 Schreibe das passende Verb.
Kreise das **tz** rot ein.

kratzen	~~sitzen~~	putzen

Elif und Theo sitzen still auf ihren Stühlen.

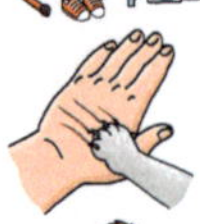
Katzen ______ manchmal, wenn man sie streicheln will.

John und Zoe ______ heute den Klassenraum.

4 Schreibe einen Quatschsatz mit mindestens 2 **tz**-Wörtern von der Seite.

› Lautqualität von Vokalen untersuchen
› Rechtschreibstrategien verwenden: Vokallänge

› Sprachbuch, Seite 76

Wörter mit ck richtig schreiben

1 Schreibe die Wörter.

~~die Schnecke~~ die Jacke die Hecke
die Socken die Brücke die Decken

Wörter, bei denen du nach dem **kurzen Vokal** in der ersten Silbe ein k hörst, schreibst du nicht mit kk, sondern mit ck.

 die Schnecke

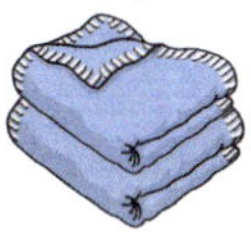

2 Setze • unter den kurzen Vokal vor dem **ck**. Kreise das **ck** rot ein.

3 Schreibe das passende Verb. Kreise das **ck** rot ein.

backen lecken packen

 Der Kuchen muss jetzt eine Stunde im Ofen ______.

 Hunde ______ manchmal, wenn sie jemanden mögen.

 Tim und Mia ______ ihre Rucksäcke für den Ausflug.

4 Suche auf der Seite Wörter mit **ck**, die sich reimen. Schreibe die Reimpaare.

› Lautqualität von Vokalen untersuchen
› Rechtschreibstrategien verwenden: Vokallänge

› Sprachbuch, Seite 77

Eine Einladung überarbeiten

1 Lies Lauras Einladung.

Lieber Umut,

ich lade dich zu meinem Geburtstag ein.

Komm am Mittwoch, den 14.06. zu mir.

Ich will einen Fußball haben.

Bis bald
Laura

2 Male die Wortkarten in der richtigen Farbe an.

3 Welche Merkmale fehlen in Lauras Einladung? Kreuze an.

- ☐ Anrede
- ☐ Anlass
- ☐ Datum
- ☐ Uhrzeit
- ☐ Ort
- ☐ Gruß

Achtung, finde die Fehler!

4 Ergänze Lauras Einladung. Welche Sätze passen?

- ☐ Ich feiere bei mir im Amselweg 5.
- ☐ Mein Urlaub war schön.
- ☐ Die Feier beginnt um 15 Uhr.

5 Laura will einen Fußball zum Geburtstag haben. Schreibe, wie sie das besser formulieren könnte.

› Schreibabsicht, Schreibsituation, Adressaten und Verwertungszusammenhang erkennen

› Sprachbuch, Seite 78, 79

UNTER DER LUPE

1 Klingt der Vokal in der ersten Silbe lang oder kurz?
Setze – unter einen langen Vokal. Setze • unter einen kurzen Vokal.

Blume denken baden Tonne Wasser Hose

2 Lies. Die rot unterstrichenen Wörter sind falsch. Schreibe richtig.

Achtung, finde die Fehler!

Liebe Elsa,

ich hofe, dir und Uno geht es gut. Hier im Urlaub ist es tol.

hoffe

Jeden Tag schwime ich.

Ich suche viele Muscheln und sitze in der Sone.

Ich sende dir viele Grüße
dein Umut

3 Schreibe die richtige Personalform. Kreise die doppelten Konsonanten ein.

	hoffen	schwimmen
ich	ich hoffe	ich schwimme
du	du	du
er/sie/es		
wir		
ihr		
sie		

UNTER DER LUPE

1 Mache die Schiebewortprobe. Kreise die Nomen rot ein.

Achtung, finde die Fehler!

die kinder gehen zusammen in die schule. (2 Nomen)

das mädchen wünscht sich ein buch. (2 Nomen)

der junge isst am liebsten pizza mit gemüse. (3 Nomen)

2 Schreibe die Sätze richtig auf. Achte auch auf die Satzanfänge.

Achtung, finde die Fehler!

Die Kinder

3 Welche Silben ergeben das Wort? Male sie in der richtigen Farbe an. Kreise die Silbenkerne rot ein.

Ba	flos	nen
Me	de	schirm
Post	kar	tuch
Son	lo	sen
Schwimm	nen	te

› Sätze verbessern: Nomen und Satzanfänge großschreiben
› Silben zusammensetzen und Wörter bilden

› Sprachbuch, Seite 81

Kapitel 5

lesen – hören – sehen

1 Welche Geschichten magst du? Kreuze an.

Geschichten über …

- [ ] Abenteuer
- [ ] Tiere
- [ ] Geister
- [ ] Pferde
- [ ] Fußball
- [ ] Freundschaft

2 Wovon handelt deine Lieblingsgeschichte? Schreibe.

____

____

3 Wie sollen Geschichten sein? Kreuze an.

- [ ] witzig
- [ ] spannend
- [ ] verrückt
- [ ] lang
- [ ] kurz
- [ ] lustig
- [ ] gruselig
- [ ] traurig

4 Schreibe.

Ich mag Geschichten, die ______________________________

______________ oder ______________ oder ______________ sind.

Wörter üben

1 Markiere die Anfangsbuchstaben.
Ordne die Wörter nach dem Abc. Schreibe.

hören mutig ~~böse~~
finden lieb schön

müde warten hell
leise nett fremd

böse

2 Verbinde und schreibe die Nomen mit Artikel.

der Computer
das Auto
die Wiese
der Garten
der Wald
der Vogel

der Computer

› Wortschatz erweitern und selbstständig üben
› Alphabet als Ordnungssystem nutzen

› Sprachbuch, Seite 84

Eine Geschichte planen und schreiben

1 Lies und ordne den Bildern die passenden Sätze zu. Schreibe 1 bis 3.

1

2

3

◯ Da kommt ein Fuchs angeschlichen.

◯ Der Hase rennt schnell davon.

◯ Der Hase schnuppert an der Blume.

2 Lies und ordne die Bilder. Schreibe 1 bis 3.

Am Abend ist Uno müde. Bald schläft er ein und träumt.

Dann geht Elsa mit Uno zu einer Wiese. Dort spielen sie Ball.

Am Nachmittag will Uno Gassi gehen. Er wartet brav auf Elsa.

3 Schreibe die Sätze in der richtigen Reihenfolge ab.

1 ____________________

____

2 ____________________

____

3 ____________________

____

Adjektive kennenlernen

1 Ordne die Adjektive zu. Schreibe.

gelb
rund
blau
kurz

2 Lies. Schreibe das richtige Adjektiv.

Achtung, finde die Fehler!

Der Außerirdische hat …

… fünf ______________ Augen.
grüne / gelbe

… eine ______________ Nase.
dünne / dicke

… einen ______________ Mund.
schmalen / großen

… drei ______________ Arme auf dem Kopf.
lange / kurze

… einen ______________ Körper.
eckigen / runden

3 Markiere die Adjektive. Ordne die Sätze und schreibe.

ein schnelles Raumschiff. | Der gelbe Außerirdische | fährt

____

____

trägt | Der rote Außerirdische | helle Handschuhe.

____

____

Adjektive zwischen Artikel und Nomen

Du musst das **Adjektiv** am Ende verändern, wenn du es als Schiebewort verwendest:
alt – die alte Oma

1 Schreibe die Adjektive zwischen Artikel und Nomen.
Schreibe sie mit -**e** und kreise sie rot ein.

alt		die alte Oma
heiß		das Feuer
rund		der Ball
rot		das Herz
spitz	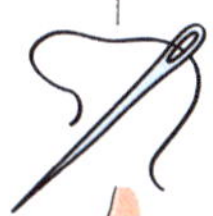	die Nadel
lang		die Nase

2 Schreibe passende Adjektive.
Denke an das -**e**.

~~gelb~~ hell blau grün

der gelbe Stern
die ______ Bettwäsche
der ______ Sessel
die ______ Lampe

gelb fransig weiß rot

die ______ Hose
der ______ Pullover
der ______ Teppich
das ______ Bett

Adjektive im Satz verwenden

1 Kreise die Adjektive ein. Welches Nomen beschreiben sie? Markiere mit einem Pfeil.

1. Heute gehen **die traurigen Freunde** zur Polizei.
2. Denn **die frechen Hunde** sind verschwunden.
3. Zum Glück suchen **die mutigen Polizisten** nach ihnen.
4. Sie bringen **die hungrigen Tiere** zurück.
5. Dafür bedanken sich **die glücklichen Kinder**.
6. Abends sind **die müden Hunde** zu Hause.

2 Schreibe Artikel, Adjektiv und Nomen auf.

1. die traurigen Freunde
2.
3.
4.
5.
6.

3 Schreibe das Adjektiv als Schiebewort. Markiere mit einem Pfeil.

Die Tür ist braun. → die braune Tür

Die Torte ist bunt. → die ______ Torte

Das Sofa ist weich. → das ______ Sofa

Die Limonade ist süß. → die ______ Limonade

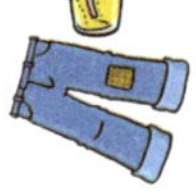
Die Hose ist lang. → die ______ Hose

Denke an das **-e**.

› mit Adjektiven beschreiben
› Wissen über Wortarten anwenden

› Sprachbuch, Seite 88

Gegensätze von Adjektiven kennen

1 Male Adjektive, die Gegensätze beschreiben, in derselben Farbe an.

dünn · alt · kurz · heiß

lang · kalt · neu · dunkel

hell · gesund · krank · dick

2 Lies und schreibe Sätze mit den Adjektiven.

Der Bär ist nicht **dünn**, sondern dick.

Der Tee ist nicht **kalt**, sondern ______.

Der Zug ist nicht **kurz**, sondern ______.

Die Katze ist nicht **gesund**, sondern ______.

Die Sonne ist nicht **dunkel**, sondern ______.

Die Schuhe sind nicht **neu**, sondern ______.

3 Lies und schreibe die Adjektive, die den Gegensatz beschreiben.

~~schnell~~
groß
stark
trocken
laut
hart

Das Auto ist nicht langsam, sondern schnell.

Der Wind ist nicht schwach, sondern ______.

Das Holz ist nicht weich, sondern ______.

Die Polizeisirene ist nicht leise, sondern ______.

Die Jacke ist nicht nass, sondern ______.

Der Baum ist nicht klein, sondern ______.

Merkwörter mit V/v üben

1 Verbinde und kreise **V/v** rot ein.

	der Vulkan		die Vase
	das Klavier		der Vorhang
	der Vater		der Pullover
	der Vogel		das Pulver

2 Ordne und schreibe die Wörter.

~~Verkehr~~
November
Pullover
Verein
Villa
Kurve

V am Wortanfang	**v** in der Wortmitte
Verkehr	

3 Sprich die Wörter.

a) Markiere die Wörter mit **V/v wie bei Vogel**. Es sind 3.

viel	Klavier	voll
Video	November	versuchen

b) Markiere die Wörter mit **V/v wie bei Vase**. Es sind 3.

clever	Verkehr	vorn
vier	Pulver	nervös

› Rechtschreibwichtige Wörter normgerecht schreiben
› Laute differenzieren und Rechtschreibstrategien verwenden: Merken, Einprägen

› Sprachbuch, Seite 92

Merkwörter mit X/x und Y/y üben

1 Schreibe die Wörter zu den Bildern.

Hexe
Yak
Pony
Lexikon

2 Lies und kreise die Wörter mit **X/x** und **Y/y** rot ein.

Elsa liebt Tierfilme.
Sie ist Expertin
für den Yak.

Lulu ist sportlich.
Sie hat viele Hobbys
und mag Yoga.

Paul macht gern
Experimente. Manchmal
explodiert dabei etwas.

Umut kann gut
mit Computern und
Handys umgehen.

3 Ordne und schreibe die Wörter mit **X/x** und **Y/y**.

X/x	Y/y
Hexe	

Merkwörter mit C/c üben

1 Verbinde.

Container Comic Clown Campingplatz Computer

Cola Cowboy Cent Cornflakes Creme

2 Schreibe die Wörter ab.

Container,

3 Lies und setze ein. Schreibe das Lösungswort.

Cornflakes Campingplatz Cola Computer Cowboy Cent Comic

Lulu mag gern __ o __(3) __ __ __ a __(4) e __(6) und __ o __(8) a .

Auf dem __ a __ __ i(2) __ __ __ __ a __ z(1) findet

Elsa einen __ e __(11) __ . Umut liest einen __ o __ i __(7) .

Paul informiert sich am __ o __ __ u(5) __ e __

über den berühmten __ o(9) __(10) __ o __ Jim.

Lösungswort: Z(1) __(2) __(3) __(4) __(5) __(6) __(7) __(8) __(9) __(10) __(11)

› Rechtschreibwichtige Wörter normgerecht schreiben
› Rechtschreibstrategien verwenden: Merken, Einprägen

› Sprachbuch, Seite 94

Merkwörter mit Doppelvokal üben

1 Kreise die Doppelvokale in den Wörtern rot ein.

das Paar  die Haare  die Beere 

das Boot  das Meer  das Moos 

der Tee  die Waage  der Zoo 

2 Ordne und schreibe die Wörter.

aa	ee	oo
das Paar		

3 Setze passende Doppelvokale ein. Schreibe die Wörter.

 das M ee r
das Meer

 der Z____

 die W____ge

 die B____re

 die H____re

 das B____t

 das M____s

 das P____r

 der T____

Eine Geschichte überarbeiten

1 Erzähle die Geschichte zu den Bildern.
Ordne die Sätze passend. Schreibe von 1 bis 4.

1

2

3

4

- ◯ Am Autoscooter planen Umut und Elsa eine Wettfahrt.
- ◯ Die Gewinnerin bekommt Zuckerwatte.
- ◯ Elsa gewinnt.
- 1 Umut, Lulu, Paul und Elsa gehen zum Stadtfest.

2 Lies und schreibe die Adjektive passend in die Sätze.

süße
~~spannende~~
schnelle
glückliche

Umut, Lulu, Paul und Elsa gehen zum Stadtfest.
Am Autoscooter planen sie eine spannende Wettfahrt.
Die ____________ Elsa gewinnt die Wettfahrt.
Die ____________ Gewinnerin bekommt
von den Zuschauern ____________ Zuckerwatte.

3 Kreise die Adjektive rot ein.

› Reihenfolge beachten
› Texte sprachlich optimieren

› Sprachbuch, Seite 96, 97

UNTER DER LUPE

1 Lies genau.

Im Feenland

Viele nervöse Hexen hüpfen durch das Feenland.
Sie springen über kleine Meere
und einen funkelnden See aus Cola.
Sie essen brav Cornflakes und trinken Saft dazu.
Eine Fee liebt Creme mit dem Duft von Vanille.
Sie stellt die schönen Blüten in eine Vase.
Ein lustiger Clown hat ein witziges Hobby.
Er tunkt seine Haare in warmen Tee.

2 Ordne die markierten Wörter nach den Lupenstellen. Schreibe.

Lupenstelle mit **V/v**	Lupenstelle mit **C**	Lupenstelle mit **ee**

3 Kreise die Lupenstellen in den Wörtern ein.

November Hobby Lexikon Haare versuchen Computer

› Sprachbuch, Seite 98

1 Schreibe die Wörter in den Quatschsätzen richtig.

Achtung, finde die Fehler!

Nixen, die in ____________ Booten fahren, sind ____________.
(schnellen / schnelen) (kluk / klug)

Die ____________ verstecken sich hinter dem ____________.
(Hexen / hexen) (Wulkan / Vulkan)

Viele Babys ____________ Violine im Verein.
(spieln / spielen)

2 Welche Strategie hilft dir bei den Wörtern? Kreuze an.

schnellen
- ☐ Ich verlängere das Wort.
- ☐ Ich überprüfe die Länge des Vokals.

klug
- ☐ Ich verlängere das Wort.
- ☐ Ich spreche langsam und in Silben.

Hexen
- ☐ Ich schiebe ein Schiebewort vor das Wort.
- ☐ Ich verlängere das Wort.

Vulkan
- ☐ Ich merke mir die Schreibweise.
- ☐ Ich verlängere das Wort.

spielen
- ☐ Ich spreche langsam und in Silben.
- ☐ Ich merke mir die Schreibweise.

› über Fehlersensibilität und Rechtschreibgespür verfügen
› passende Rechtschreibstrategie auswählen

› Sprachbuch, Seite 99

Kapitel 6

träumen – fragen – nachdenken

1 Male einen Traum, an den du dich gut erinnerst.

2 Wie war dein Traum? Kreuze an, was passt oder schreibe selbst.

Der Traum war ...	☐	schön.	☐	gruselig.	☐	________
Ich war ...	☐	mutig.	☐	stark.	☐	________
Ich konnte ...	☐	fliegen.	☐	reiten.	☐	________

3 Was war das Besondere in deinem Traum? Schreibe.

____

____

Wörter üben

1 Schreibe die Nomen mit Artikel.

die Insel ~~der Tag~~ der Brief das Rad der Baum das Gras

 der Tag

 ______

 ______

 ______

 ______

 ______

2 Schreibe die Verben in der ich-Form.

spielen	ich spiele	leben	
sprechen	ich	suchen	
gehen		rennen	
fliegen		wohnen	
fahren		springen	

3 Lies und schreibe das passende Adjektiv.

Paul kuschelt gerne mit seiner Hündin. Er hat Murmel sehr ______. Wenn Elsas Hund sie warnen will, dann bellt der kleine Uno ______. Mit Murmel und Uno erleben die vier Detektive Geschichten. Sie sind oft richtig ______.

laut
spannend
lieb

› Wortschatz erweitern und selbstständig üben
› grundlegende sprachliche Begriffe und Strukturen kennen

› Sprachbuch, Seite 102, 103

Eine Fantasiegeschichte schreiben

1 Lies. Bringe den Geschichtenanfang in die richtige Reihenfolge. Schreibe 1 bis 2.

○ Ich hole das Buch vom Schreibtisch.
Unter der Bettdecke schlage ich die erste Seite auf.
Plötzlich höre ich ein Geräusch am Fenster.

○ Ich liege in meinem Bett und bin noch gar nicht müde.
Da fällt mir mein neues Buch über das Weltall ein.
Ich könnte ja heimlich noch darin lesen.

2 Wie könnte die Geschichte weitergehen? Wähle aus und kreuze an.

(3)

☐ Ich entdecke ein kleines Monster am Fenster.
Ich hole es in mein Zimmer.

☐ Ich entdecke ein kleines Monster am Fenster.
Ich habe Angst und rufe meine Mutter.

3 Wie geht die Geschichte weiter? Was passt? Kreuze an.

(4)

☐ Das Monster erzählt mir von seinem Planeten
und davon, wie es auf die Erde gekommen ist.

☐ Zusammen mit meiner Mutter gehe ich
ans Fenster und sage dem Monster Hallo.

4 Was passiert dann? Schreibe.

Wortfamilien kennenlernen

1 Kreise den Wortstamm Frag/frag grün ein.

gefragt fragen die Frage nachfragen die Quizfrage

2 Male die Wörter mit dem Wortstamm Les/les rot an.
Male die Wörter mit dem Wortstamm Schul/schul blau an.

lesen	der Schulhof	das Lesebuch
vorlesen	das Schulbuch	die Schule
der Leser	verlesen	die Einschulung

Verwandte Wörter haben einen Wortteil, der **gleich** ist. Das ist der **Wortstamm**. Diese Wörter gehören zu einer **Wortfamilie**.

3 Ordne die Wörter nach Wortfamilien.
Schreibe die Wörter und kreise die Wortstämme rot und blau ein.

Les/les lesen,

Schul/schul der Schulhof,

4 Welchen Wortstamm haben die Wörter? Kreise ihn ein.

› Wörter strukturieren
› sprachliche Begriffe kennen: Wortfamilie, Wortstamm

› Sprachbuch, Seite 104

Vorangestellte Wortbausteine verwenden

1 Kreise die vorangestellten Wortbausteine ein.

auslaufen vorlaufen verlaufen mitlaufen

abrollen ausrollen einrollen aufrollen

Das sind **vorangestellte Wortbausteine**: aus-, ein-, be-, vor-, auf-, ab-. Sie verändern die Bedeutung von Wörtern.

2 Schreibe neue Verben auf.

vor
mit
ab
auf
nach

machen

vormachen

3 Schreibe neue Verben auf.

ab
auf
vor
mit
ver

lesen
schreiben

ablesen, abschreiben

Den Wortstamm erkennen

1 Lies. Kreise den Wortstamm lern ein.

ich lerne	du lernst	er/sie/es lernt
wir lernen	ihr lernt	sie lernen

Verben verändern ihre Endungen in den **Personalformen**. Der **Wortstamm** bleibt aber gleich.

2 Schreibe die Verben mit dem Wortstamm träum. Kreise den Wortstamm ein.

träum

ich	-e	ich träume
du	-st	
er/sie/es	-t	
wir	-en	
ihr	-t	
sie	-en	

3 Schreibe die Verben in der richtigen Personalform auf.

Umut träumt (träum) manchmal von Piraten,
die über das weite Meer ______ (segel).
Sie ______ (such) geheimnisvolle Schätze
und ______ (feier) Piratenfeste.
Umut ______ (kenn) sich gut mit Piraten aus.
Er ______ (frag) sich oft, ob er ein guter Pirat wäre.

› Regelmäßigkeiten erkennen
› grundlegende sprachliche Begriffe kennen: Personalform

› Sprachbuch, Seite 105, 108

Wortfamilien bilden

1 Kreise die Wortstämme Ess/ess blau und Seh/seh grün ein.

essen Fernseher Abendessen Esszimmer Sehtest
aufessen sehen Fernsehprogramm Esslöffel gesehen

Wörter aus einer Wortfamilie haben eine ähnliche Bedeutung.

2 Ordne die Wörter nach Wortfamilien.
Schreibe die Wörter und kreise die Wortstämme ein.

Ess/ess essen,

Seh/seh Fernseher,

3 Schreibe Wörter mit dem Wortstamm fahr. Kreise den Wortstamm rot ein.

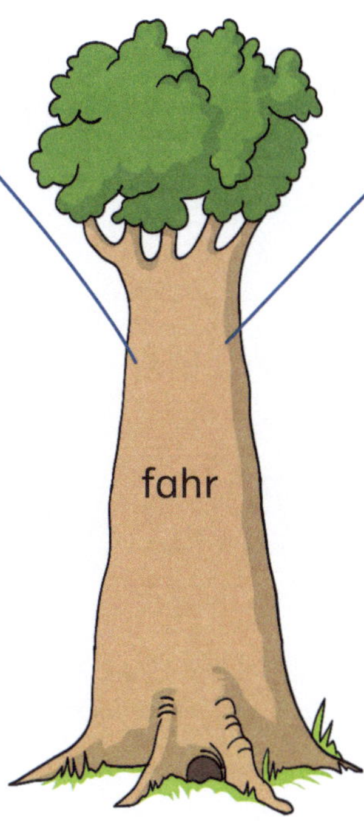

ab-	-en	abfahren
Ein-	-t	
weg-	-en	
Auf-	-t	
los-	-en	
auf-	-en	

Wörter mit gleichem Wortstamm richtig schreiben

1 Lies die Wörter in jedem Kasten. Achte auf den Wortstamm.
Streiche das falsch geschriebene Wort durch.

baden	sammeln	Schreibtisch
~~Bahdewanne~~	gesammelt	abschreiben
Badezimmer	Samlung	Beschreibung
Badehose	aufsammeln	schraibt
Badewanne		

freundlich	Ende	Leben
Fräundschaft	beenden	Lebewesen
befreundet	unendlich	Erlepnis
Freundin	Entspiel	erleben

2 Schreibe die falschen Wörter richtig auf. Kreise den Wortstamm farbig ein.

~~Badewanne~~ Sammlung schreibt Freundschaft Endspiel Erlebnis

3 Ordne die Wörter nach dem Wortstamm. Schreibe.

~~Sammler~~ aufschreiben lebhaft Schreibschrift vorleben
Versammlung Leben Schreiber Sammelalbum

Samm/samm	Schreib/schreib	Leb/leb
Sammler		

› Rechtschreibstrategien verwenden: Wortstamm beachten
› Schreibweisen des Wortstammes auf Wortfamilie übertragen

› Sprachbuch, Seite 110

Wörter mit ähnlichem Wortstamm

1 Kreise den Wortstamm der Wortfamilie Kauf/kauf/Käuf/käuf rot ein.

Verkäufer	abkaufen	Käufer	verkaufen
einkaufen	käuflich	Kauf	Verkäuferin

Bei manchen Wortfamilien verändert sich der Wortstamm ein wenig.

2 Ordne die Wörter nach dem Wortstamm. Schreibe.

Kauf/kauf	Käuf/käuf
	Verkäufer

3 Lies. Im Text sind viele Wörter einer Wortfamilie.
Finde sie und kreise den Wortstamm rot ein.

Es sind 6 Wörter mit demselben Wortstamm.

Paul und Lulu wollen einen Kuchen backen.
Das Rezept finden sie in einem Backbuch.
Sie geben Eier, Butter, Mehl und Backpulver in den Teig.
Nun füllen sie den Teig in eine Backform.
Dann schieben die beiden Bäcker den Kuchen in den Backofen.

4 Schreibe die Wörter der Wortfamilie auf.

backen,

Verwandte Wörter mit a und ä schreiben

1 Welche Wörter gehören zusammen? Verbinde.

der Apfel	das Rad	die Hand	das Dach
die Dächer	die Äpfel	die Räder	die Hände

2 Ordne die Wörter nach Einzahl und Mehrzahl. Schreibe sie.

Einzahl der die das	**Mehrzahl** die
der Apfel	die Äpfel

Im Wort klingen ä und e gleich. Wenn es ein **verwandtes Wort** mit a gibt, schreibst du ä: der Apfel, die Äpfel

3 Markiere den Silbenkern in der ersten Silbe.

4 Schreibe die Mehrzahl.

Einzahl der die das	**Mehrzahl** die
die Wand	die Wände
das Band	die
der Zahn	
das Glas	
der Schrank	

› Rechtschreibstrategien verwenden: Wortstamm beachten
› morphematische Strategie anwenden: Ableiten

› Sprachbuch, Seite 112

Verwandte Wörter mit au und äu schreiben

1 Welche Wörter gehören zusammen? Verbinde.

der Baum | die Braut | der Schlauch | die Laus

die Schläuche | die Bäume | die Läuse | die Bräute

2 Ordne die Wörter nach Einzahl und Mehrzahl. Schreibe sie.

Einzahl der die das	Mehrzahl die
der Baum	die Bäume

3 Markiere den Silbenkern in der ersten Silbe.

4 Schreibe die Mehrzahl.

Einzahl der die das	Mehrzahl die
die Faust	die Fäuste
die Maus	die
der Bauch	
der Traum	
das Haus	

Fantasiegeschichten überarbeiten und schreiben

1 Streiche die 2 Sätze durch, die nicht zur Geschichte passen.

Heute ist ein blöder Schultag.
Es regnet und der Unterricht ist langweilig.
Löwen leben in Afrika.
Ich schaue zum Fenster hinaus.
Da kommt eine Stimme aus meiner Schultasche.
Morgen gehe ich in den Zoo zu den Löwen.
Vorsichtig öffne ich meine Tasche.
Ich blicke in die Augen eines kleinen Monsters …
Da höre ich meine Lehrerin rufen: Aufwachen! Du träumst!
Ich antworte: Ja, aber es war ein toller Traum.

Da sind 2 Sätze mit Löwen. Die passen nicht.

2 Was wäre in deinem Traum mit dem kleinen Monster passiert? Schreibe auf.

› nach Anregung eigene Texte schreiben: Fantasiegeschichte
› strukturiert und adressatengerecht schreiben

› Sprachbuch, Seite 115

UNTER DER LUPE

1 Die rot unterstrichenen Wörter sind falsch. Schreibe sie richtig auf.

Die Symbole helfen dir.

Achtung, finde die Fehler!

der Traum, also ...

Lulu treumt von den Sommerferien.

träumt

fliegen, also ... die Urlaube, also ...

Sie fliekt in den Urlaup.

In der zweiten Silbe versteckt sich hier ein **e**, also ...

Endlich kann sie wieder im Meer badn gehn.

das Rad, also ...

Mit den Redern fahren sie zum Strand.

Der Vokal in der ersten Silbe ist kurz, also ...

Im Meer ist es beser als in der Wane zu Hause.

der vergessliche ... die blaue ...

Hoffentlich vergisst Lulus vater nicht wieder seine badehose.

UNTER DER LUPE

1 Setze die vorangestellten Wortbausteine richtig ein.

Achtung, finde die Fehler!

Elsa wünscht sich, wie Pippi Langstrumpf zu sein.

Mit ihren Freunden würde sie gerne tolle Sachen _er_ leben und sich (er / ~~be~~)

viele lustige Streiche ______ denken. (ab / aus) Sie wäre so stark, dass sie

alles ______ heben (hoch / ein) könnte. Ihr Hund Uno würde sie immer ______ gleiten. (mit / be)

Die Schule würde sie nur ______ suchen, (über / be) wenn sie Lust dazu hätte.

2 Schreibe die Verben mit den vorangestellten Wortbausteinen auf.

erleben,

____

3 Schreibe die Verben mit verschiedenen vorangestellten Wortbausteinen auf.

ab- | auf- | be-
vor- | er- | ver-
mit- | aus- | über-

leben | denken | heben | suchen

____

____

____

____